Wolfgang Osterhage

Zeit und Ewigkeit

Wolfgang Osterhage

Zeit und Ewigkeit

Aphorismen

Fromm Verlag

Imprint

Cover image: www.ingimage.com

Publisher:
Fromm Verlag
is a trademark of
International Book Market Service Ltd., member of OmniScriptum Publishing Group
17 Meldrum Street, Beau Bassin 71504, Mauritius

Printed at: see last page
ISBN: 978-620-2-44276-3

Vorwort

Was hat Ewigkeit mit der Zeit zu tun? – Im traditionellen Verständnis und im Alltagssprachgebrauch ist die Antwort klar und einfach: Ewigkeit ist die ins Unendliche verlängerte Zeitstrecke – also keine Strecke, denn eine Strecke ist – mathematisch gesehen – eine Gerade, die durch Anfangs- und Endpunkte begrenzt ist.

Dieses Büchlein versucht, sich dem Verhältnis zwischen Zeit und Ewigkeit zu nähern – und zwar durch eine Sammlung von Aphorismen. Dabei fließen sowohl Stellungsnahmen aus der Philosophie und den Naturwissenschaften als auch eigene Überlegungen ein. Ausgehend von den aus der Antike überlieferten Zeitbegriffen und der Differenzierung zwischen Chronos und Kairos spielen insbesondere Überlegungen zur Zeitmessung, dem Verlust der absoluten Zeit durch die Relativitätstheorie und die Verankerung des Zeitgefühls im menschlichen Bewusstsein eine wichtige Rolle. Nach den eher physikalischen Betrachtungen folgt ein Rückgriff auf die Ewigkeitsperspektiven, wie sie insbesondere unter dem Begriff des nunc stans der Scholastik entwickelt wurden. Und nach einem Ausflug zu dem Gedanken der ewigen Wiederkehr schließt diese Schrift mit der Perspektive Gottes für Zeit und Ewigkeit.

In diesem Büchlein werden keine endgültigen Antworten gegeben. Angesichts der Tatsache, dass sich viele große Geister über die Jahrtausende mit dieser Thematik beschäftigt haben, wäre ein solches

Vorhaben für sich genommen vermessen. Wie es in der Natur von Aphorismen liegt, sollen Impulse gegeben werden, die zum weiteren Nachdenken anregen.

INHALTSANGABE

Antike Zeitbegriffe

Immer schon, seit der Mensch sein Habitat verstehen wollte, machte er sich Gedanken über die Wirklichkeit seiner Umgebung. Primäres Ziel war es wohl, diese Umgebung so zu beschreiben, wie sie tatsächlich wäre. Das ist ihm bis heute nicht gelungen. Er bleibt verhaftet in Bildern oder – in bester Näherung – in Modellen.

Sehr früh schon treffen wir auf eine alte indische Kosmologie. Sie besagt, dass 4 320 000 000 Menschenjahre einem einzigen Tag des Brahma entsprechen. An diesem Tag durchläuft der Kosmos seinen ganzen Zyklus – immer wieder: jedes einzelne Atom löst sich im ursprünglichen Wasser der Ewigkeit auf, aus dem alles einmal entstanden ist.

Später schrieb Plato, dass die Welt auf eine Art geschaffen wurde, die es dem Verstand ermöglicht, sie zu begreifen. Diese Welt verharrt auf immer im selben Zustand. Sie ist eine lebendige Kreatur mit Seele und Verstand. Sonne Mond und einige Sterne entstanden, damit die Zeit gemessen werden konnte.

Auch Aristoteles konstatierte, dass es seit Menschengedenken keinen Beweis und keinen Bericht darüber gebe, dass sich die Welt je geändert hätte.

Der muslimische Philosoph Avicenna, der von 980-1037 lebte, behauptete, dass

- Zeit ein Maß für Bewegung ist und
- Raum etwas, dass von Materie abstrahiert werden müsse, und nur im menschlichen Bewusstsein existierte.

Nikolaus Cusanus (1401-1464) schließlich stellte fest, dass sämtliche Teile des Himmels, inklusive der Erde in Bewegung seien.

Kairos und Chronos

Im Alltag geht es um das lineare Zeitverständnis, das inhaltsneutrale Fortschreiten auf dem Zeitstrahl, für das im Griechischen das Wort *Chronos* steht. Bei einem Angler z. B. spielt das aber zunächst keine Rolle: er wartet nur darauf, dass sich etwas einstellt, dass etwas erfüllt wird, dass der Fisch beißt. Dem entspricht der griechische Begriff *Kairos*.

Die stetig wachsende Beschäftigung mit dem *Chronos*-Anteil in unserer abendländischen Kultur führt letztendlich zu einer Störung der durch die Natur des Lebens vorgesehenen *Kairos*-Eckpunkte.

Erfüllte Zeit: Christen glauben: die Vollendung ist zukünftig. Wir können die jetzige Zeit nicht mit der vollendeten Zukunft verwechseln. Denn wir leben in einem Haus, in dem die Türen offen sind. Die Vergangenheit ist schon eingedrungen, und die Zukunft klopft immer noch und immer wieder neu an und tritt von selber ein. Und von dieser Zukunft her werden wir wieder ins Heute gestellt, denn von hier geht unsere Hoffnung aus. Und umgekehrt lässt sich das Heute nur mit Blick auf die Zukunft bestehen.

Für unser Zeitverständnis bedeutet dies, dass wir unser Heute als erfüllte Zeit betrachten dürfen. Egal, wie wir unsere Zeit messen. Unser Bezugspunkt ist und bleibt das Kreuz Christi und danach seine

Allgegenwart, die mit uns zieht, wie ein wandernder Koordinatenursprung, nach der Verheißung: „Siehe, ich bin bei Euch alle Tage bis an der Welt Ende“ (Mt 28,20b).

In der Abfolge unseres heutigen gesellschaftlichen Lebens konstatieren wir das Auseinanderfallen zwischen Chronos und Kairos.

Die Schöpfung, wiewohl bereits vollendet, wickelt sich solange ab und tritt nach und nach ins Licht, bis sie im ewigen Sabbat vollendet dastehen wird.

Feste Uhrzeit bei uns (Chronos) gegenüber erfüllter Zeit in anderen Kulturen (Kairos).

Chronos gegenüber Kairos, gemessene Zeit steht erwarteter und erfüllter Zeit gegenüber. Als Menschen, als Lebewesen, als Teil von Gottes Schöpfung unterstehen wir den Erwartungen des Kairos, auf die wir immer wieder im Leben stoßen. Als gesellschaftliche Wesen, die sich untereinander Rechenschaft geben müssen, unterliegen wir der Buchhaltung des Chronos.

Feiertage: die katholische Kirche kennt für jedes Kalenderdatum einen Heiligen. Und früher wurde in Briefen – auch noch bei Luther – statt des Datums der Tag des Heiligen vorangestellt. Da man in vielen Regionen noch im ausgehenden Mittelalter etliche solcher Heiligentage auch festlich beging – durch freie Arbeitszeit, Trinkgelage oder Jahrmärkte, sahen sich Autoritäten in unterschiedlichen Landesteilen irgendwann genötigt, per Verordnung die schlimmsten Auswüchse einzudämmen und einige Feiertage als arbeitsfreie abzuschaffen, da sonst die Volkswirtschaft zu großen Schaden nahm. Nach langen Jahren der Stabilität und der Beschränkung auf einen festgesetzten, allgemein verträglichen Kanon von kirchlichen Festtagen, gerät dieser Konsens neuerdings wieder ins Wanken. Schon ist der Buß- und Bettag weitgehend als arbeitsfreier Tag gestrichen, da werden bereits Stimmen laut, die nach dem Pfingstmontag rufen.

Dabei sind die christlichen Feiertage die letzten Fixpunkte innerhalb des Jahres, die eine rhythmisch wiederkehrende Besinnung auf den ansonsten kontinuierlichen Zeitablauf ermöglichen. Nimmt man die Liste der verbliebenen Feiertage zur Hand, stellt man fest, dass nur noch wenige durch ihren inhaltlichen Bezug in unserer Bevölkerung wahrgenommen werden: Weihnachten, vielleicht Ostern. Alle anderen zeichnen sich durch „Arbeitsfreiheit" aus. Bewusste Christen wissen natürlich etwas anzufangen mit Karfreitag, Pfingsten oder Allerheiligen. In den breiten Bevölkerungsschichten sind die Bedeutungsinhalte jedoch weitgehend verloren gegangen. In Großbritannien, wo es keine religiösen Feste abgesehen von Weihnachten gibt, hat man der Bevölkerung zum Ausgleich und zur Erholung viermal im Jahr einen Montag als Bankholiday geschenkt – also ein Tag, an dem ursprünglich nur die Banken geschlossen hatten. Ein tieferer Sinn spielte dabei keine Rolle mehr.

Im Gegensatz zu den unbeweglichen Festen, die sich am Sonnenjahr orientieren steht das Fehlen jeder Kommensurabilität bei der Berechnung des Osterfestes. Festgelegt wurde (aus theologischen Gründen) im Konzil von Nicäa im Jahre 325: Ostern soll immer auf den ersten Sonntag nach dem ersten Vollmond nach der Frühlings-Tag-und-Nachtgleiche gefeiert werden. Dieser Festlegung liegen zwei astronomische Zeitpunkte zugrunde:

- der des Vollmondes und

- der des Frühlingsäquinoktiums.

Alltagsdenken, Philosophie und Wissenschaft der westlichen Hemisphäre sind geprägt durch das „Entweder-oder“. Das bestimmt auch ihren Zeitbegriff und die Zusammenschau aller beobachtbaren Vorgänge. Dem steht das ebenfalls als widerspruchsfrei empfundene „Sowohl-als-auch“ in den orientalischen Kulturen gegenüber. Die Möglichkeiten, die die letztere Grundhaltung bietet, finden sich bereits in der jüdischen Erinnerungskultur von alters her.

Ein Beispiel ist das berühmte „Schma Israel“, das Glaubensbekenntnis und die Lebensparole frommer Juden, das sie von der Wiege bis zum Grab begleitet. Es wird morgens und abends gebetet. Und mit diesem Morgengebet beginnt auch gleichsam der Gottesdienst am Sabbatmorgen. Es ist gewiss kein Zufall, dass das Schma Israel auch am Sterbebett gebetet wird. Es leitet an und lädt dazu ein, die Befreiungsgeschichten des alten Israel immer wieder neu zu erzählen. Dabei werden sie von Generation zu Generation beim Erzählen vor dem gerade aktuellen Zeithintergrund so aktualisiert, dass sich darin die jeweilige Gegenwart widerspiegelt.

Ja, in der Pessach - Haggada, der häuslichen Tischliturgie für die Osternacht, heißt es noch expliziter: „Ein jeder verstehe sich so, als sei er selbst aus Ägypten ausgezogen.“ Damit wird die grundsätzliche Gleichzeitigkeit aller Generationen angesprochen, und somit wird der tiefe Graben zur Vergangenheit überbrückt.

Das Erzählen soll stattfinden nicht nur alle Tage im Leben eines Menschen, sondern – wenn es sich so ergibt – auch des Nachts. Und „alle

Lebenstage“ bezieht sich nicht nur auf das gegenwärtige Leben, sondern ebenso auf diejenigen Tage der zukünftigen Zeit mit dem Messias.

Zur Meisterschaft gebracht wird das kollektive Gedenken in den zweieinhalb Millionen Wörtern des Talmuds – bis in dessen Optik, den Layout, hinein. Diese Lehrsammlung ist konzentrisch aufgebaut. Im Mittelpunkt steht jeweils ein kleines, eingerahmtes Wort aus der Mischna (der zugehörige längere Abschnitt steht darunter). Darum herum ranken sich die Erläuterungen, die Gemara. Als dritter Rahmen können z. B. noch mittelalterliche Kommentare hinzugefügt worden sein.

Ziel dieser Darstellung und Sammlung ist es, dafür Sorge zu tragen, dass kein Wort, das jemals in einer Textdiskussion gesprochen wurde, verloren geht. Da aber auch im Streitgespräch widersprüchliche Meinungen geäußert werden, stehen sie in guter „sowohl-als-auch“-Tradition für alle Zeiten gleichberechtigt nebeneinander.

Zeitmaß

Ohne Sonntag verkommt jeder Kalender zu einer grauen Aneinanderreihung von gezählten Tagen: 365 im Jahr. Aber wozu muss die Zahl 365 immer wieder auf 1 zurückgesetzt werden? Warum wird nicht einfach weitergezählt, wo das doch technisch heute keine Schwierigkeiten mehr bereitet? Also: am 16244. Tag nach Einführung der neuen Zeitrechnung (n. NZ) hat man ein neues Auto gekauft und am 17001. Tag wurde es verschrottet. Eine solche Zählung erübrigt wiederkehrende Geburtstagsfeiern und neutralisiert jede Altersstruktur.

Was ist ein Tag, was bedeuten Stunden? Ein Tag ohne Uhr ist auch ein Tag. Er beginnt mit der Morgendämmerung, im Sommer eingeleitet von Vogelgezwitscher oder einem Hahnenschrei. Er endet mit dem Untergang der Sonne am Abend – nicht mit dem Abspann irgendeiner Fernsehsendung. Dazwischen ist Mittag. Und Mittag mit dem jeweils höchsten Stand der Sonne ist von Ost nach West an jedem Ort der Erde unterschiedlich, weshalb früher die Kirchenglocken von Dorf zu Dorf die Mittagszeit unterschiedlich einläuteten. Es gilt nicht die GMT (Greenwich Mean Time) oder etwas Ähnliches. Das sind nur Konventionen. Man sollte wieder ein Gespür für die natürlichen Schranken entwickeln. Man kann ganze Tage ohne Armbanduhr überleben. Das sollte man einmal ausprobieren. Im Notfall zeigt jedes Telefon, jedes Autoradio, jede Bahnhofs- und Kaufhausuhr an, wie spät es ist.

Die Woche beginnt nicht mit dem Montag und endet nicht am Freitagmittag. Das betrifft nur die Arbeitszeit für die meisten Menschen. Jede neue Woche beginnt am Sonntag um 0:00 Uhr, unabhängig davon, was die Vereinten Nationen als bindende Konvention dazu festgelegt haben! Das ergibt sich aus dem urchristlichen Verständnis des ersten Wochentages, an dem die Erinnerung an Ostern, an die Auferstehung des Herrn gefeiert wurde. Obwohl nach jüdischem Verständnis der letzte Wochentag, der Sabbat, der Ruhetag war, wurde im Laufe der Kirchengeschichte später die Ruhepflicht auf den Sonntag verschoben, nachdem man zuerst beide Tage begangen hatte. – Und Wochen entsprechen historisch gesehen keinem logischen Bruchteil einer größeren Zeiteinheit, die sich aus Mondphasen oder Sonnenentfernungen von der Erde herleiten lassen. Ihr Ursprung ist heilig.

Und dennoch spielen Mondzyklen für unser gesamtes hoch technisiertes Leben eine immense Rolle. Von der zyklischen Einteilung des Sonnenjahres in Monate bis hin zu den darauf basierenden „Quaterly Reports“ der Aktiengesellschaften, ebenso die Festlegung des Geschäftsjahres und die Zahlung von Gehältern und Mieten. Die Bestimmung des Ramadan für die Muslime und damit ihr gesellschaftliches Leben hängen von der Mondbewegung ab.

Eines der größten Wunder und Erleichterungen ist unsere Zählweise in Sonnenjahren. Stellen wir uns eine andere kosmische Konstellation ohne Erdrotation und Sonnenumkreisung vor: ohne diese natürliche Weltuhr würden wir tatsächlich auf einem linearen Zeitstrahl reiten, und wenn es dazu den Wechsel von Tag und Nacht auch nicht gäbe, hätten wir nicht einmal eine Grundlage für die Berechnung einer Sekunde. Wir wären haltlos verloren ohne Zeithorizont in einem hoffnungslosen Kontinuum ohne Anfang und ohne Ende. Möglicherweise hätte sich ein Zeitgefühl, wie wir es kennen, gar nicht entwickeln können.

Wort Gottes – Zerlegung der Zeit:
„Und Gott sprach: Es werde Licht! Und es ward Licht. Und Gott sah, dass das Licht gut war. Da schied Gott das Licht von der Finsternis und nannte das Licht Tag und die Finsternis Nacht. Da ward aus Abend und Morgen der erste Tag.“ (1.Mose 1,3-5)

Nach dem Babylonischen Talmud endet der Tag mit dem Sichtbarwerden der Sterne, und ein neuer Tag beginnt. Ein Tag als Maßeinheit umschließt also immer Abend und Morgen, Licht und Finsternis – 24 Stunden. Das erste Zeitmaß ist der Tag, alles Weitere ist abgeleitet – Vielfaches oder Bruchstücke. Somit begann die Zerlegung der anscheinend kontinuierlich dahin fließenden Zeit in abzählbare Portionen unmittelbar am Beginn der Schöpfung. Sinn und Ziel war jedoch nicht, eine Basis für zukünftige Chronometer zu schaffen und damit die Hast in die Welt zu bringen. Die Einführung der Tageseinteilung hatte auch nichts mit dem Erntekalender zu tun.

Die Einführung des einen ersten Tages war die Voraussetzung für die weiteren sechs Folgetage im Schöpfungsbericht mit dem Sabbat als Zieltag. Den Sabbat aber wiederum verstehen wir als Ruhetag. Im endzeitlichen Zusammenhang weist der Schöpfungssabbat auf den endgültigen Sabbat hin, auf die Vollendung der Welt: Gott ruht von seinem Werk und seine Geschöpfe mit ihm. Oder anders: die Schöpfung, wiewohl bereits vollendet, wickelt sich solange ab und tritt nach und nach ins Licht, bis sie im ewigen Sabbat vollendet dastehen wird.

In jedem Falle liegt der tiefere Grund für die Erschaffung des Tages als zeitliches Maß nicht in der Notwendigkeit zeitlicher Messbarkeit zu Planungszwecken, sondern in dem Hinweis auf die Erfüllung von Gottes eigenem Plan.

***

Arthur Schopenhauer [1]:

„Die allem Leben auf der Erde vorhergegangenen geologische Vorgänge sind in gar keinem Bewusstsein dagewesen: nicht im eigenen, weil sie keines haben; nicht in einem fremden, weil keines da war: Also hatten sie, aus Mangel an jedem Subjekt, gar kein objektives Dasein, d. h. sie waren überhaupt nicht; oder was bedeutet dann noch ihr Dagewesensein? – Es ist im Grunde ein bloß hypothetisches; nämlich, wenn zu jenen Urzeiten ein Bewusstsein dagewesen wäre; so würden in demselben solche Vorgänge sich dargestellt haben: dahin leitet uns der Regressus der Erscheinungen: also lag es im Wesen des Dinges an sich, sich in solchen Vorgängen darzustellen.

Wenn wir sagen, anfangs sei ein leuchtender Urnebel gewesen, der sich zur Kugelform geballt und zu kreisen angefangen habe, dadurch sei er linsenförmig geworden und sein äußerster Umkreis habe sich ringförmig abgesetzt, dann zu einem Planeten geballt, und das Selbe habe sich abermals wiederholt, und so fort, die ganze Laplacesche Kosmogonie; und wenn wir nun ebenfalls die frühesten geologischen Phänomene bis zum Auftreten der organischen Natur hinzufügen."

„Die Zeit ist die Anschauungsform unseres Intellekts und daher dem Dinge an sich fremd."

„Holt mir einen Bauern vom Pfluge, macht ihm die Frage verständlich, und er wird euch sagen, dass, wenn alle Dinge am Himmel und auf Erden verschwänden, der Raum doch stehen bliebe, und dass, wenn alle Veränderungen am Himmel und auf Erden stockten, die Zeit doch fortliefe."

„Wie die Welt trotz der Sonne finster bliebe, wenn keine Körper da wären, das Licht derselben zurückzuwerfen, oder wie die Vibration einer Saite der Luft und selbst irgend eines Resonanzbodens bedarf, um zum Klange zu werden; so wird der Wille erst durch den Zutritt der Erkenntnis sich seiner selbst bewusst; die Erkenntnis ist gleichsam der Resonanzboden des Willens und der dadurch entstehende Ton das Bewusstsein."

„In den Rechenbüchern pflegt die Richtigkeit der Lösung eines Exempels sich durch das Aufgehen desselben, d. h. dadurch, dass kein Rest bleibt, kund zu geben. Mit der Lösung des Rätsels der Welt hat es eine ähnliche Bewandtnis. Sämtliche Systeme sind Rechnungen, die nicht aufgehen; sie lassen einen Rest, oder auch, wenn man ein chemisches Gleichnis vorzieht, einen unauflöslichen Niederschlag. Dieser besteht darin, dass, wenn man aus ihren Sätzen folgerecht weiter schließt, die Ergebnisse nicht zu der Vorliegenden realen Welt passen, nicht mit ihr stimmen, vielmehr manche Seiten derselben dabei ganz unerklärlich bleiben. So z. B. stimmt zu den materialistischen Systemen, welche aus der mit bloßen mechanischen Eigenschaften ausgestatteten Materie, und gemäß den Gesetzen derselben, die Welt einfach entstehen lassen, nicht die durchgängige bewunderungswürdige Zweckmäßigkeit der Natur, noch das Dasein der Erkenntnis, in welcher doch sogar jene Materie allererst sich darstellt. Dies also ist ihr Rest."

„.... dass die wirkende Urkraft, die natura naturans, in jedem ihrer zahllosen Werke, im kleinsten wie im größten, im letzten, wie im ersten, ganz und ungeteilt unmittelbar gegenwärtig ist: woraus folgt, dass sie, als solche und an sich von Raum und Zeit nicht weiß."

„Was sind nun aber Zahlen? – Sukzessionsverhältnisse, deren Möglichkeit auf der Zeit beruht."

„Die Kausalität ist nichts weiter, als die empirisch wahrgenommene und uns gewöhnlich gewordene Zeitfolge der Dinge und Zustände."

***

Die von uns wahrgenommene Zeit ist nichts anderes als das Ergebnis des Vergleichs verschiedener Bewegungen oder relativer Änderungen gegeneinander. Das beste Beispiel dafür ist die Uhr.

***

Lupus Egarezzo: Drachenrad [2]:

„´Aber wir messen doch die Zeit. Wir haben doch Uhren.`

´Was messen wir denn? Was macht denn eine Uhr?`

´Sie zählt die Stunden, Minuten, Sekunden – alles.`

´Eine Uhr ist ein bewegtes System, mit dem man andere Bewegungen vergleichen kann. In der Natur gibt es keine Sekunden. Es gab nur zwei ursprüngliche Bewegungen, die man zu Vergleichszwecken in kleinere Segmente unterteilt hat: den Tag aus der Drehbewegung der

Erde um sich selbst und das Jahr aus der Umdrehung der Erde um die Sonne. Alles andere ist reine Ableitung.`

´Aber wir sehen doch, dass etwas anders wird, dass man älter wird.`

´Ja, wir sehen Veränderungen, und wenn wir eine Uhr zur Hand nehmen, dann vergleichen wir eine Veränderung mit einer anderen, nämlich mit dem Zählwerk der Uhr. Das ist alles.`"

***

Albert Einstein [3]:

„Für uns gläubige Physiker hat die Scheidung zwischen Vergangenheit, Gegenwart und Zukunft nur die Bedeutung einer wenn auch hartnäckigen Illusion."

***

Thomas de Padova [3]:

„Bewegung wird durch Zeit gemessen. Aristoteles nannte die Zeit das Maß der Bewegung. Umgekehrt wird auch Zeit durch Bewegung gemessen, nämlich durch periodische Bewegungen wie die eines Pendelgewichts, das immer wieder zum gleichen Zustand zurückkehrt. Bei klassischen Methoden der Zeitbestimmung zählt man diese Perioden.

Die tägliche Umdrehung der Fixsterne ist ein ziemlich verlässliches Zeitmaß. Nacht für Nacht kehren die Sterne zurück und behalten ihre relativen Positionen zueinander bei. Im Lauf eines Menschenlebens verändern sich die Sternbilder nicht, wohingegen sich die Positionen der Planeten und der Sonne zueinander immer wieder verschieben."

„Ohne Einwirkung irgendwelcher äußeren Kräfte ist die Bewegung eines einzelnen Partikels durch das Trägheitsgesetz gegeben. Wie aber kann man von der gleichförmigen Bewegung eines Teilchens sprechen, wenn nichts mehr da ist, gegenüber dem es sich bewegt? Newton zufolge bewegt es sich im absoluten Raum und in einer absoluten Zeit. Diese absolute Zeit entspricht jenem Ideal, das Aristoteles 2000 Jahre zuvor auf das Kreisen des Fixsternhimmels übertrug. Der Mathematiker Newton wird seine Zeitvorstellung später genauso metaphysisch abstützen wie sein Vordenker, indem er die Zeit als „Sensorium Gottes" bezeichnet."

„Raum und Zeit werden damit gleichermaßen zu Behältnissen, in denen sich jegliches Geschehen abspielt. Im Hinblick auf die Lage befindet sich alles im Raum und im Hinblicke auf die Aufeinanderfolge in der Zeit. Der absolute Raum und die absolute Zeit existieren unabhängig von allen Körpern."

„Diese mathematische Zeit ´fließt` gleichmäßig und linear, Zeitpunkt für Zeitpunkt, von der Vergangenheit in die Zukunft hinein, gerade so, wie es für die Anwendung des Infinitesimalkalküls und anderer Rechenmethoden erforderlich ist. Die Metapher vom unablässigen ´Fließen` der Zeit ist zwar tautologisch, denn das Wort ´Fließen` beschreibt ja bereits eine zeitliche Veränderung."

„Außerdem wären Teile der Materie stets in Bewegung. Eine absolute Ruhe hält Leibniz für undenkbar, weil der Übergang von der Ruhe zur Bewegung sonst eine völlig sprunghafte Veränderung darstellen würde."

„In den Wandlungsprozessen der Natur sieht Leibniz eine kausale Ordnung und unendliche Folge des Werdens. ´Die Natur macht keine Sprünge.` Wie bei mathematischen Reihen wäre eine Untergliederung des Geschehens stets bis in feinste Zwischenglieder möglich. In jeder Stunde gäbe es unendliche Zahl von Augenblicken, jeder Augenblick wiederum enthielte eine unendliche Zahl von Dingen, ´deren jedes eine Unendlichkeit einschließt`".

„Dass die Gegenwart ´stets mit der Zukunft schwanger` geht, ist eine der faszinierenden Implikationen der leibnizschen Metaphysik."

„Wie lange ist also ´jetzt`? Die bewusst erlebte Gegenwart ist jedenfalls kein Zeitpunkt, sondern eine kleine Spanne, womöglich kaum länger als eine Atemperiode. Was jeweils ins Bewusstsein gelangt, ist abhängig vom unmittelbar vorherigen Bewusstseinzustand. Erst die Vernetzung aufeinanderfolgender Inhalte und unsere Emotionen stellen ein Gefühl der zeitlichen Kontinuität her."

„Moderne Stringtheoretiker wie Brian Greene argumentieren genau andersherum: ´Der Begriff der Veränderung ist ohne Bedeutung in Hinblick auf einen einzelnen Zeitpunkt … denn für Zeitpunkte gilt lediglich, dass sie sind`. Zeitpunkte wären das Rohmaterial der Zeit, sie verändern sich nicht. ´Jeder Augenblick ist. Bei genauerem Hinsehen ähnelt der fließende Strom der Zeit eher einem riesigen Eisblock, in dem jeder Augenblick auf ewig an seinem Platz festgefroren ist.`"

***

Gottfried Wilhelm Leibniz[3]:

„Die Zeit ist die Ordnung des nicht zugleich Existierenden. Sie ist somit die allgemeine Ordnung der Veränderungen, in der nämlich nicht auf die bestimmte Art der Veränderungen gesehen wird."

***

Norbert Elias[3]:

„Das Wort ´Zeit`ist ein Symbol für eine Beziehung, die eine Menschengruppe, also eine Gruppe von Lebewesen mit der biologisch gegebenen Fähigkeit zur Erinnerung und zur Synthese, zwischen zwei oder mehreren Geschehensabläufen herstellt, von denen sie einen als Bezugsrahmen oder Maßstab für den oder die anderen standardisiert."

Relativistische Zeit

Alles ist Bewegung: die Rotation der Erde um sich selbst, das Wandern der Erde um die Sonne, die Bewegung der Sonne mit der Rotation der Milchstraße, die Fluchtbewegung der Milchstraße zusammen mit den anderen Galaxien und Galaxie-Clustern bei der Expansion unseres Universums. Es gibt kein absolutes Koordinatensystem mit einem zentralen Bezugspunkt im Kosmos, nur relative Positionen. Jedes sich bewegende System kann für sich in Anspruch nehmen, Bezugssystem zu sein. Macht man eine Reise und bewegt sich selbst nur einige wenige Schritte aus dem Zimmer, so wird man nie mehr an denselben Ausgangsort zurückkehren.

Raum-Zeit ist unserer alltäglichen Erfahrung zugänglich und meint ein vierdimensionales Gebilde mit den drei Raumdimensionen Länge, Breite und Höhe, sowie als vierter Dimension die Zeit.

Innerhalb dieser Raum-Zeit nun lassen sich alle Ereignisse in der Welt darstellen. Ein Gegenstand befindet sich immer irgendwo zu irgendeinem Zeitpunkt. Ort und Zeit reichen aus, ihn festzulegen. Die Änderung des Ortes über der Zeit wird zu einer Linie in den vier Dimensionen: eine Weltlinie, wie es heißt. Das trifft auf einen Fußball zu, aber auch auf einen Menschen.

Alles scheint festgefroren in der Raum-Zeit-Matrix, nichts bewegt sich mehr. Denn Bewegung ist ja schon festgehalten als Weltlinie selbst. Alles steht fest für immer. Nichts lässt sich ausradieren, nichts ist verloren.

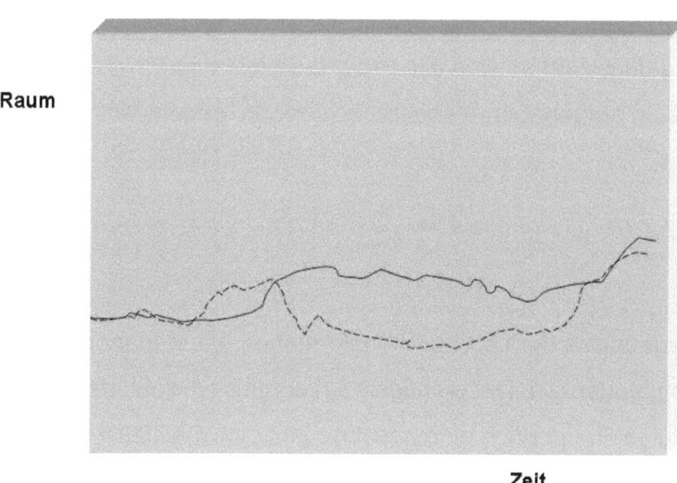

Weltlinien zweier Personen, die zusammen leben

Das ist ur-jüdisches Denken. Die Bewahrung des Kleinsten, auch des Unscheinbarsten: „Es sind eure Haare auf dem Haupt alle gezählt“ (Mt 10,30). – Jedoch – Wege sind mehr als nur Spuren in Raum und Zeit. Wege sind angefüllt mit Erfahrungen, mit Erlebnissen unterschiedlicher Qualität. Begleitet manchmal von Lust und Freude, manchmal von Trauer und Schmerz. In diesem Verständnis sind sie auch Abenteuer. An unserer Weltlinie bleibt immer etwas hängen.

***

Lupus Egarezzo: Drachenrad:

„´Aber vielleicht ist es ein Trost für Sie`, fuhr die Dame fort, ´dass es Physiker gibt, die eine gegenteilige Position vertreten. Die meinen, Zeit wäre so eine Art Fluidum, durch das wir hindurch leben, wie als führe man in einem Auto durch Felder und Wiesen. Und weil wir uns bewegen, haben wir das Zeitgefühl. Und so sind alle Ereignisse für immer in diesem Raum-Zeit-Universum aufgehoben – egal ob vergangen, gegenwärtig oder zukünftig.`"

***

Die Ergebnisse der Lorentz-Transformation führen daneben auch zu anderen Konsequenzen. Die wichtigste Erkenntnis ist wohl, dass es weder einen absoluten Raum noch eine absolute Zeit gibt. Das lässt sich beispielhaft an drei Phänomenen festmachen:

- der Ungleichzeitigkeit
- der Zeitdehnung und
- der Längenkontraktion.

(1) Ungleichzeitigkeit:

Wir haben zwei Systeme, die in relativer Bewegung zueinander sind. Im ersten System finden zwei Ereignisse zur Zeit t_1 am Ort x_1 bzw. zur Zeit t_2 am Ort x_2 statt. Die Zeitpunkte t_1 und t_2 werden im ersten System gemessen. In dem relativ dazu mit der Geschwindigkeit v in Bewegung befindlichen zweiten System werden entsprechende Zeitmessungen für t'_1 und t'_2 durchgeführt. Sei nun

$\Delta t = t_2 - t_1$ und

$\Delta t' = t'_2 - t'_1$

dann ergibt sich Lorentz-transformiert:

$$\Delta t' = (\Delta t - v^*(x_2-x_1)/c^2)/ \sqrt{1-(v^2/c^2)}$$

Für $\Delta t = 0$ (Gleichzeitigkeit) ist aber $\Delta t' \neq 0$. Das bedeutet, dass zwei Ereignisse, die für einen Beobachter in einem Inertialsystem gleichzeitig, dieselben Ereignisse für einen Beobachter aus einem dazu bewegten Inertialsystem heraus nicht gleichzeitig sind.

(2) Zeitdehnung

Angenommen in zwei in relativer Bewegung (Geschwindigkeit v) zueinander bewegten Systemen stehen Uhren, die im Abstand $\Delta t = t_2 - t_1$ ein Signal abgeben. Aus einem System heraus in das andere gemessen – unabhängig von welchem System aus, da beide gleichberechtigt sind – ergibt sich immer:

$$\Delta t' = t'_2 - t'_1 = (t_2 - t_1)/ \sqrt{1-(v^2/c^2)} \geq \Delta t$$

Für beide Systeme gilt: in dem jeweils anderen System gehen die Uhren nach.

Es gab also einen Zeitpunkt, als das Universum unendlich klein und unendlich dicht war. Unter diesen Bedingungen hatten sämtliche Naturgesetze noch keine Gültigkeit, und es gab keine Möglichkeit, die Zukunft vorher zu sagen. Sollte es je Ereignisse gegeben haben, die vor diesem Zeitpunkt stattgefunden haben, so könnten diese keinen Einfluss darauf haben, was heute geschieht. Sie könnten deshalb ignoriert werden, weil sie weder beobachtet werden noch irgendeinen Einfluss auf uns hätten. Insofern kann man sagen, dass die Zeit mit dem Urknall begann. Soweit die Praxis.

Gott als Schöpfer von Raum und Materie ist zugleich auch Schöpfer und damit Herr über die Zeit. Er hat sie gemacht – ob über den Urknall oder sonst wie – und kann sie deshalb auch wieder hinweg nehmen. Für unser Vorstellungsvermögen ein nicht nachzuvollziehender Vorgang. Für eine Nicht-Zeit fehlt uns jedes Bild.

Innerhalb der Raum-Zeit lassen sich Dinge beschreiben – z. B. der Abstand zwischen zwei Punkten. Die kürzeste Entfernung zwischen zwei Punkten nennt man eine Geodäte.

Ein weiterer nützlicher Begriff ist der der Metrik. Eine Metrik misst den Abstand zwischen zwei Punkten – im Raum-Zeit-Kontinuum also zwischen zwei Ereignissen. Im dreidimensionalen Raum definiert sich der Abstand als:

$$ds^2 = dx^2 + dy^2 + dz^2$$

Nimmt man die Zeit hinzu, so erhält man:

$$ds^2 = c^2dt^2 + dx^2 + dy^2 + dz^2$$

***

Arthur Schopenhauer:

„An sich selbst hingegen sind jene Vorgänge nichts Anderes, als der dumpfe, erkenntnislose Drang des Willens zum Leben nach seiner ersten Objektivation, welcher jetzt, nachdem Gehirne dasind, in dem Gedankengange derselben und mittels des Regresses, den die Formen ihres Vorstellens notwendig herbeiführen, sich darstellen muss als jene primären, kosmogonischen und geologischen Phänomene, die also dadurch zum ersten Male ihre objektive Existenz erhalten, welche aber deswegen der subjektiven nicht weniger entspricht, als wenn sie mit dieser gleichzeitig und nicht erst ungezählte Jahrtausende hinterher eingetreten wäre."

„Die Frage, ob die Welt dem Raume nach begrenzt oder unbegrenzt sei, ist nicht schlechthin transzendent; vielmehr an sich selbst empirisch; da die Sache immer noch im Bereich möglicher Erfahrung liegt, welche wirklich zu machen nur durch unsere eigene physische Beschaffenheit uns benommen bleibt. A priori gibt es hier kein demonstrabel sicheres Argument, weder für die eine noch die andere Alternative; so dass die Sache wirklich einer Antinomie sehr ähnlich sieht, sofern, bei der einen, wie der andern Annahme, bedeutende Übelstände sich hervortun. Nämlich eine begrenzte Welt im unendlichen Raume schwindet, sei sie auch noch so groß, zu einer unendlich kleinen Größe, und man frägt, wozu denn der übrige Raum da sei? Andrerseits wieder kann man nicht fassen, dass kein Fixstern der äußerste im Raum sein sollte. – Beiläufig gesagt, würden die Planeten eines solchen nur während der einen Hälfte ihres Jahres Nachts einen gestirnten Himmel haben, während der andern aber einen ungestirnten, - der auf die Bewohner einen sehr unheimlichen Eindruck machen müsste. Demnach lässt jene Frage sich auch so ausdrücken: gibt es einen Fixstern, dessen Planeten in diesem Präkamente stehen oder nicht? Hier zeigt sie sich als offenbar empirisch.

Im gleichen, dass schon der Ansatz falsch gewesen sei, will sagen, dass man die Sache schon Anfangs nicht am rechten Ende angegriffen hatte, wodurch man nachher von Irrtum zu Irrtum geführt wurde."

„.... das Wesen an sich der Naturkräfte und das Bedingtsein der objektiven Welt durch den Intellekt, woran sich auch noch die a priori gewisse Anfangslosigkeit sowohl der Kausalreihe, wie der Materie knüpft, benehmen der Physik alle Selbständigkeit, oder sind die Stengel, womit ihr Lotus auf dem Boden der Metaphysik wurzelt."

„Überall, wo die Erklärung des Physischen zu Ende läuft, stößt sie auf Metaphysisches."

„Ding an sich ist das primum mobile in dem Mechanismus, der dem ganzen, komplizierten und bunten Spielwerk dieser Welt seine Bewegung erteilt. Jenes muss daher von anderer Art und Beschaffenheit sein, als dieses. Wir sehn wohl den Zusammenhang der einzelnen Teile des Spielwerks, in den absichtlich zu Tage gelegten Hebeln und Rädern (Zeitfolge und Kausalität): aber das, was dieses allen die erste Bewegung erteilt, sehn wir nicht. Wenn ich nun lese, wie hellsehende Somnambule das Zukünftige so lange vorher und so genau verkünden, so kommt mir vor, als wären sie zu dem da hinten verborgenen Mechanismus gelangt, von dem Alles ausgeht, und woselbst daher schon jetzt und gegenwärtig das ist, was äußerlich, d. h. durch unser optisches Glas Zeit gesehen, erst als künftig und kommend sich darstellt."

„Es ist der Weg, der nicht am Gängelbande der Kausalität durch Zeit und Raum geht. Es ist der Weg durch das Ding an sich."

„Die Basis der Natur sind die Gesetze des Raumes, der Zeit und der Kausalität."

„Wenn ich sage: ´in einer anderen Welt`, so ist es großer Unverstand, zu fragen: ´wo ist denn die andere Welt?` Denn der Raum, der allem Wo erst einen Sinn erteilt, gehört eben mit zu dieser Welt; außerhalb derselben gibt es kein Wo. – Friede, Ruhe und Glückseligkeit wohnt allein da, wo es kein Wo und kein Wann gibt."

„Je deutlicher Einer sich der Hinfälligkeit, Nichtigkeit und traumartigen Beschaffenheit aller Dinge bewusst wird, desto deutlicher wird er sich auch der Ewigkeit seines eigenen inneren Wesens bewusst; weil doch eigentlich nur im Gegensatz zu diesem jene Beschaffenheit der Dinge erkannt wird; wie man den raschen Lauf seines Schiffes nur nach dem festen Ufer sehend wahrnimmt, nicht wenn man in das Schiff selbst sieht."

„Das beständige Entstehen neuer Wesen und Zunichtewerden der vorhandenen ist eine Illusion die durch die Wechselwirkung von Raum und Zeit mit der Kausalität entsteht."

„Der Raum ist nur im Kopf."

„Folglich gleicht der Lauf der Welt dem einer Uhr, nachdem sie zusammengesetzt und aufgezogen worden: also ist sie, von diesem unbestreitbaren Gesichtspunkt aus, eine bloße Maschine, deren Zweck man nicht absieht. Auch wenn man, ganz unbefugter Weise, ja, im Grunde, aller Denkbarkeit, mit ihrer Gesetzlichkeit, zum Trotz, einen ersten Anfang annehmen wollte; so wäre dadurch im Wesentlichen nichts geändert. Denn der willkürlich gesetzte erste Zustand der Dinge, bei ihrem Ursprung, hätte den ihm zunächst folgenden, im Großen and bis auf das Kleinste herab, unwiderruflich bestimmt und festgestellt, dieser den folgenden, und so fort, per secula seculorum; ...."

„Grade so haben alle Philosophen vor Kant geirrt, da sie Zeit, Raum, Kausalität, als unabhängig vom Subjekt vorhanden setzten und nun Anfang, Ende, Ursache, Zweck der Welt, das Subjekt mit eingeschlossen, suchten."

Zeit und Bewusstsein

Wegen des ständigen Erlebens der Vergänglichkeit erfährt das Zeitphänomen im menschlichen Betrachten seit jeher eine Schlüsselstellung. Es hat deshalb nicht an Versuchen gefehlt, diesem Geheimnis durch Chiffren und Formeln beizukommen.

***

Hermann Weyl[4]:

„Die objektive Welt ist schlechthin, sie geschieht nicht. Nur von dem Blick des in der Weltlinie meines Lebens empor kriechenden Bewusstseins ´lebt`ein Ausschnitt dieser Welt ´auf` und zieht an ihm vorüber als räumliches, in zeitlicher Wandlung begriffenes ´Bild`."

***

Arthur Schopenhauer:

" - so ist Alles, was wie sagen, nicht im eigentlichen Sinne wahr, sondern eine Art Bildersprache. Denn es ist eine Beschreibung von Erscheinungen, die als solche nie dagewesen sind: denn es sind räumliche, zeitliche und kausale Phänomene, welche als solche schlechterdings nur in der Vorstellung eines Gehirns existieren können, welches Raum, Zeit und Kausalität zu Formen seines Erkennens hat, folglich ohne ein solches unmöglich und nie dagewesen sind; daher jene Beschreibung bloß besagt, das, wenn damals ein Gehirn existiert hätte, alsdann besagte Vorgänge sich darin dargestellt haben würden."

„Die alleinige Form der Realität ist die Gegenwart; in ihr allein ist das Reale unmittelbar anzutreffen und stets ganz und vollständig enthalten. Das wahrhaft Reale ist von der Zeit unabhängig, also in jedem Zeitpunkt Eines und das Selbe."

„Holt mir einen Bauern vom Pfluge, macht ihm die Frage verständlich, und er wird euch sagen, dass, wenn alle Dinge am Himmel und auf Erden verschwänden, der Raum doch stehen bliebe, und dass, wenn alle Veränderungen am Himmel und auf Erden stockten, die Zeit doch fortliefe."

„Wie die Welt trotz der Sonne finster bliebe, wenn keine Körper da wären, das Licht derselben zurückzuwerfen, oder wie die Vibration einer Saite der Luft und selbst irgend eines Resonanzbodens bedarf, um zum Klange zu werden; so wird der Will erst durch den Zutritt der Erkenntnis sich seiner selbst bewusst; die Erkenntnis ist gleichsam der Resonanzboden des Willens und der dadurch entstehende Ton das Bewusstsein."

„.... dass mithin Raum und Zeit, auf welchen die Möglichkeit aller Vielheit beruht, bloße Formen unserer Anschauung sind;"

„Die Zeit ist eine Vorrichtung in unserem Gehirn, um dem durchaus nichtigen Dasein der Dinge und unserer selbst einen Schein von Realität, mittelst der Dauer, zu geben.“

„Die Individuation ist bloße Erscheinung, entstehend mittelst Raum und Zeit, welche nichts weiter als die durch mein zerebrales Erkenntnisvermögen bedingten Formen aller seiner Objekte sind; daher auch die Vielheit und Verschiedenheit der Individuen bloße Erscheinung, d. h. in meiner Vorstellung vorhanden ist.“

***

Dadurch, dass wir – im etymologischen Sinne – der Zeit eine Sprache gegeben haben, nämlich durch die grammatikalischen Unterschiede der Tempora, entsteht jene Rückkopplung, die bewirkt, dass unser Nachdenken über die Zeit durch die Sprache selbst unser Verständnis der Zeit selbst bestimmt.

Nunc stans

Sören Kierkegaard[5]:

„Die Angst war der Augenblick in dem individuellen Leben."

„Es gibt eine Kategorie des Übergangs."

„entnommen der Zeitlichkeit des Übergangs: darauf ...; wann ...; als seiend ist dies so, als werdend ist es so ...;"

„Der Übergang ist ein Zustand und wirklich."

„Das Neue tritt mit einem Sprung ein."

„die Elastizität des Sprungs"

„Der Mensch war also eine Synthese von Seele und Leib, er ist aber zugleich eine Synthese des Zeitlichen und des Ewigen."

„Die andere Synthese hat nur zwei Momente: das Zeitliche und das Ewige."

„Wenn man die Zeit richtig als die unendliche Sukzession bestimmt, so liegt es anscheinend nahe, sie auch als die vergangene, gegenwärtige und zukünftige zu bestimmen. Indessen ist diese Distinktion unrichtig, soweit man meint, sie liege in der Zeit selbst; denn sie kommt erst dadurch zum Vorschein, dass die Zeit in ein Verhältnis zur Ewigkeit tritt und diese sich in jener reflektiert.

Weil aber jedes Moment ganz wie die Summe der Momente ein Prozess, ein Vorbeigehen ist, so ist kein Moment wirklich gegenwärtig und insofern gibt es in der Zeit weder Gegenwart, noch Vergangenheit, noch Zukunft."

„... dass man ein Moment dehnt ..."

„denn selbst für die Vorstellung ist die unendliche Sukzession der Zeit nur eine unendlich inhaltlose Gegenwart"

„ ... eines unendlich inhaltlosen Nichts"

„Das Gegenwärtige ist indessen nicht der Begriff der Zeit."

„ ... wie hurtig man es auch verschwinden lasse ..."

„Das Ewige ist hingegen das Gegenwärtige. Gedacht ist das Ewige, das Gegenwärtige als die aufgehobene Sukzession (die Zeit war die Sukzession, die vorbeigeht). Für die Vorstellung ist es ein Fortgehen, das doch nicht von der Stelle rückt, weil das Ewige für sie das unendlich inhaltvolle Gegenwärtige ist. In dem Ewigen ist die Unterscheidung des Vergangenen und Zukünftigen also wieder nicht zu finden."

„Man versteht also unter dem Augenblick die Abstraktion von dem Ewigen."

„Das Gegenwärtige ist das Ewige oder besser: das Ewige ist das Gegenwärtige."

„Der Augenblick bezeichnet das Gegenwärtige als ein solches, das kein Vergangenes und kein Zukünftiges hat."

„Das Ewige bezeichnet auch das Gegenwärtige, das kein Vergangenes und kein Zukünftiges hat, und dies ist des Ewigen Vollkommenheit."

„Soll dagegen die Zeit und die Ewigkeit sich berühren, so kann dies nur in der Zeit geschehen – und nun stehen wir vor dem Augenblick."

„Auf Latein heißt unser Augenblick momentum, das seiner Derivation (von movere) entsprechend nur das bloße Verschwinden ausdrückt."

„die Ewigkeit – der erste Versuch, gleichsam die Zeit zum Stehen zu bringen"

„So verstanden ist der Augenblick nicht eigentlich ein Atom der Zeit, sondern ein Atom der Ewigkeit."

„Dass das Zukünftige in gewissem Sinn das Vergangene bedeuten kann, kommt daher, dass das Ewige zuerst das Zukünftige bedeutet."

„So setzt der Sprachgebrauch bisweilen das Zukünftige und das Ewige identisch (das zukünftige Leben – das ewige Leben).“

„Das Zukünftige, welches als das Vergangene wiederkommt.“

„Die Fülle der Zeit ist der Augenblick als das Ewige, und doch ist dieses Ewige zugleich das Zukünftige und das Vergangene.“

***

Thomas Sören Hoffmann[5]:

„Denn es ist das Leben derer, die mit Christus ´gleichzeitig` sind, die sich deshalb in der Zeit nicht verlieren, ohne sie doch zu überspringen, die zu gelebter Geistigkeit gelangen und eben darin einzelne sind.“

***

Lupus Egarezzo: Drachenrad:

„´Wissen Sie: manche Leute meinen, dass es gar keine Zeit gibt, und ich tendiere auch zu dieser Auffassung.´

´Wie soll das gehen? Dann würden wir ja niemals älter. Und das stimmt doch gar nicht.`

´Wir würden schon älter, aber das hätte dann nichts mit der Zeit zu tun. Sie haben doch sicher schon einmal von der Leibnitz-Zeit gehört, oder?`

Der Cocktail – zusammen mit den anderen Zutaten des Abends – begann, seine Wirkung zu zeigen.

´Jaja, gehört schon.`

´Also, Leibnitz und Newton haben unabhängig voneinander die Differentialrechnung erfunden. Da gab es damals noch einen heftigen Prioritätenstreit.`

Der Mann nickte wissend.

´Und wenn man zum Beispiel die Änderung der Geschwindigkeit eines sich beschleunigenden Autos über die Zeitachse betrachtet, dann macht man die Zeitintervalle immer kleiner, bis sie sozusagen unendlich dünn sind. Das ist dann die leibnitzsche Sicht auf die Zeit.`

´Aha. Ja, genau.`

Hella Droste wusste jetzt, dass ihr Gegenüber nicht den leisesten Schimmer von dem hatte, was sie gesagt hatte.

´Also. Das ist doch ganz einfach: Vergangenheit, Gegenwart und Zukunft. Was vergangen ist, gibt es nicht – nicht mehr. Es ist weg. Niemand kann seine Hand ausstrecken und wieder in die Vergangenheit hineingreifen. Was zukünftig ist, gibt es nicht – noch nicht. Niemand kann seine Hand ausstrecken und etwas aus der Zukunft herausholen. Bleibt die Gegenwart, und die ist so dünn wie das leibnitzsche Zeitintervall: unendlich dünn.`

´Aber wir messen doch die Zeit. Wir haben doch Uhren.`

´Was messen wir denn? Was macht denn eine Uhr?`

´Sie zählt die Stunden, Minuten, Sekunden – alles.`

´Eine Uhr ist ein bewegtes System, mit dem man andere Bewegungen vergleichen kann. In der Natur gibt es keine Sekunden. Es gab nur zwei ursprüngliche Bewegungen, die man zu Vergleichszwecken in kleinere Segmente unterteilt hat: den Tag aus der Drehbewegung der Erde um sich selbst und das Jahr aus der Umdrehung der Erde um die Sonne. Alles andere ist reine Ableitung.`

´Aber wir sehen doch, dass etwas anders wird, dass man älter wird.`

´Ja, wir sehen Veränderungen, und wenn wir eine Uhr zur Hand nehmen, dann vergleichen wir eine Veränderung mit einer anderen, nämlich mit dem Zählwerk der Uhr. Das ist alles.`"

***

Arthur Schopenhauer:

„Unser Dasein hat keinen Grund und Boden, darauf es fußte, als die dahin schwindende Gegenwart. Daher hat es wesentlich die beständige Bewegung zur Form, ohne Möglichkeit der von uns stets angestrebten Ruhe."

„Unruhe ist der Typus des Daseins – wie bei einem Planeten, der in seine Sonne fallen würde, sobald er aufhören würde, unaufhaltsam vorwärts zu eilen."

„Jedem Vorgang unseres Lebens gehört nur auf einen Augenblick das Ist, sodann für immer das War."

„Die Art, wie diese Nichtigkeit aller Objekte des Willens sich dem im Individuo wurzelnden Intellekt kund gibt und fasslich macht, ist zunächst die Zeit."

„Unser Leben ist mikroskopischer Art: es ist ein unteilbarer Punkt, den wir durch die beiden starken Lisen Raum und Zeit auseinander gezogen und daher in höchst ansehnlicher Größe erblicken."

„Demnach aber ist die Form der Zeit selbst geradezu das Mittel und wie darauf berechnet, uns die Nichtigkeit aller irdischen Genüsse beizubringen."

„.... Der individuelle Wille, gerichtet auf chimärisches Glück, in einem ephemeren, traumartigen, täuschenden Dasein, wo hinsichtlich des Vergangenen Glück und Unglück gleichgültig sind, das Gegenwärtige aber jeden Augenblick zum Vergangenen wird ...."

„Das Bewusstsein fasst das Allerflüchtigste, das Jetzt, als das allein Beharrende auf – die Gegenwart, welche doch die alleinige Form aller Realität, im engsten Sinne, ist."

„ ‚Die Zeit ist etwas rein Objektives und Reales, das ganz unabhängig von mir existiert. Ich bin nur zufällig hineingeworfen, eines kleinen Teiles derselben habhaft geworden und dadurch zu einer vorübergehenden Realität gelangt, wie tausend Andere vor mir, die jetzt eben nichts mehr sind, und auch ich werde sehr bald nichts sein. Die Zeit hingegen, die ist das Reale: sie zieht dann weiter ohne mich.´ Ich denke, dass das Grundverkehrte, ja Absurde dieser Ansicht durch die Entschiedenheit des Ausdrucks fühlbar wird."

„Die Gegenwart allein ist das, was immer da ist und unverrückbar feststeht. Empirisch aufgefasst das Flüchtigste von Allem, stellt sie dem metaphysischen Blick, der über die Formen der empirischen Anschauung hinwegsieht, sich als das allein Beharrende dar, das Nunc stans der Scholastiker."

„Wir können die Zeit einem endlos drehenden Kreise vergleichen: die stets sinkende Hälfte wäre die Vergangenheit, die stets steigende die Zukunft; oben aber der unteilbare Punkt, der die Tangente berührt, wäre die ausdehnungslose Gegenwart: wie die Tangente nicht mit fortrollt, so auch nicht die Gegenwart, der Berührungspunkte des Objekts, dessen Form die Zeit ist, mit dem Subjekt, das keine Form hat, weil es nicht zum Erkennbaren gehört, sondern Bedingung alles Erkennbaren ist. Oder: die Zeit gleicht einem unaufhaltbaren Strom, und die Gegenwart einem Felsen, an dem sich jener bricht, aber nicht ihn fortreißt."

„Die Gegenwart ist nur ein Bruchstück, welches ergänzt werden muss durch die Vergangenheit, deren Länge aber unendlich ist und an die sich wieder eine unendliche Zukunft schließt."

Ewige Wiederkehr

Friedrich Nietzsche[6]:

„Das größte Schwergewicht. – Wie, wenn die eines Tages oder Nachts, ein Dämon in deine einsamste Einsamkeit nachschliche und dir sagte: ´Dieses Leben, wie du es jetzt lebts und gelebt hast, wirst du noch einmal und noch unzählige Male leben müssen; und es wird nichts Neues daran sein, sondern jeder Schmerz und jede Lust und jeder Gedanke und Seufzer und alles unsäglich Kleine und Grosse deines Lebens muss die wiederkommen, und Alles in der selben Reihe und Folge – und ebenso diese Spinne und dieses Mondlicht zwischen den Bäumen, und ebenso dieser Augenblick und ich selber. Die ewige Sanduhr des Daseins wird immer wieder umgedreht – und du mit ihr, Stäubchen vom Staube!` - Würdest du dich nicht niederwerfen und mit den Zähnen knirschen und den Dämon verfluchen, der so redete?“

„Alles geht. Alles kommt zurück; ewig rollt das Rad des Seins. Alles stirbt, Alles blüht wieder auf, ewig läuft das Jahr des Seins.

Alles bricht, Alles wird neu gefügt; ewig baut sich das gleiche Haus des Seins. Alles scheidet, Alles grüßt sich wieder; ewig bleibt sich treu der Ring des Seins.

In jedem Nu beginnt das Sein; um jedes Hier rollt sich die Kugel Dort. Die Mitte ist überall. Krumm ist der Pfad der Ewigkeit.“

„Alles ist gleich, es lohnt sich nichts."

„Aber der Knoten von Ursachen kehrt wieder, in den ich verschlungen bin, - der wird mich wieder schaffen! Ich selbst gehöre zu den Ursachen der ewigen Wiederkunft.

Ich komme wieder, mit dieser Sonne, mit dieser Erde, mit diesem Adler, mit dieser Schlange – nicht zu einem neuen Leben oder besseren Leben oder ähnlichen Leben:

- ich komme ewig wieder zu diesem gleichen und selbigen Leben, im Größten und auch im Kleinsten, dass ich wieder aller Dinge ewige Wiederkunft lehre …."

„Wenn man zurückgeht bis zu diesem nicht mehr Darstellbaren, so lässt sich nur sagen, dass das Unmittelbare außerhalb der Zeit – die `Gegenwart` des Parminedes und das Àion` des Heraklit – in das Gewebe der Zeit eingeflochten sind, so dass in dem, was vorher oder nachher wirklich erscheint, jedes Vorher ein Nachher und jedes Nachher ein Vorher ist und jeder Augenblick ein Anfang."

„Die Welt der Kräfte erleidet keinen Stillstand: denn sonst wäre er erreicht worden, und die Uhr des Daseins stünde still. Die Welt der Kräfte kommt also nie in ein Gleichgewicht, sie hat nie einen Augenblick Ruhe, ihre Kraft und ihre Bewegung sind gleich groß für jede Zeit. Welchen Zustand diese Welt auch nur erreichen kann, sie muss ihn erreicht haben und nicht einmal, sondern unzählige Male. So diesen Augenblick: er war schon einmal da und viele Male und wird ebenso wiederkehren, alle Kräfte genauso verteilt wie jetzt: und ebenso steht es mit dem Augenblick, der diesen gebar und mit dem, welcher das Kind des Jetzigen ist."

***

Angenommen wird, dass die Zeit sich sowohl in die Vergangenheit als auch in die Zukunft unendlich ausdehnt, die gesamte „Kraft“, Materie oder Energie, und folglich die Anzahl möglicher „Kombinationen“ oder Zustände der Welt, aber endlich ist. Daraus wird geschlossen, es müsse jeder mögliche Zustand der Welt bereits unendlich oft eingetreten sein und noch unendlich oft eintreten. (Multiversum).

In der modernen Kosmologie kehrt der Wiederkunft-Gedanke nun jedoch selbst wieder.

Sehr ungewöhnlich ist Klossowskis Deutung der Wiederkunft als eine Lehre, die die Ich-Identität aufhebt, indem sie gewissermaßen das Subjekt unendlich viele unterschiedliche Identitäten durchlaufen lässt.

Skirl gibt den Gehalt des Gedankens prägnant so wieder: „dass alles schon einmal gewesen ist, aber in jedem Moment trotzdem Neues entsteht, dass jeder Moment neu und unverbraucht ist, unschuldig ist. Damit will Nietzsche eine Synthese aus antiken (kreisenden) herakliteisch-pythagoreischen Lehren und dem neuzeitlichen Zeitpfeil der modernen Physik erreichen – auf dass diese Versöhnung von Antike und Neuzeit in die Welt- und Wertvorstellung der Menschen gelange[7].

***

Heraklit[7]:

„Und es ist immer ein und dasselbe, was in uns wohnt: Lebendes und Totes und Waches und Schlafendes und Junges und Altes. Denn dieses ist umschlagend jenes und jenes zurück und umschlagend dieses."

***

Es gibt noch eine weitere mögliche Quelle für Nietzsches Inspiration: gerade zu der Zeit, als Nietzsche seine Idee formulierte, diskutierten naturwissenschaftliche und philosophische Autoren unter anderem diese Hypothese. Die Diskussion hatte sich bereits Jahre zuvor gerade an den von Lord Kelvin und Rudolf Clausius vertretenen Grundsätzen der Thermodynamik entzündet. Mit großer Sicherheit gelesen hat Nietzsche Eugen Dührings „Cursus der Philosophie als streng wissenschaftlicher Weltanschauung und Lebensgestaltung" (1875) sowie Otto Casparis „Der Zusammenhang der Dinge" (1881). Die letztgenannte Schrift, in der der Gedanke am Rande mit einem unwissenschaftlichen Argument abgelehnt wird, dürfte zu Nietzsches Inspiration erheblich beigetragen haben. Von diesem Buch ausgehend wollte Nietzsche sich in der folgenden Zeit einen Überblick über die aktuelle Diskussion verschaffen; er erwog sogar ein naturwissenschaftliches Studium. Unter den von ihm gelesenen Schriften sind J. G. Vogts „Die Kraft. Eine realmonistische Weltanschauung" (1878) und Schriften Otto Liebmanns zu erwähnen. Dührings Schrift enthält ebenso wie ein Vortrag Carl von Nägelis, den Nietzsche 1884 las, Einwände gegen die Hypothese. Mit Nägelis Vortrag wiederum hat sich später Friedrich Engels befasst. Auf Auguste Balnquis „L´eternité par les astres" (1872), das fast dieselbe Hypothese enthält, hat wahrscheinlich ein Bekannter Nietzsche nach der Lektüre der „Fröhlichen Wissenschaft" hingewiesen. Schließlich gibt es ähnliche Gedanken in Gustave Le Bons

„L´Homme et les societés“ (1881). Nietzsches Theorie basiert also auf einer gerade damals aktuellen wissenschaftlichen Hypothese.

Ewige Wiederkehr. Eine Kreislaufbewegung. Kein Zeitpfeil wie in der christlich-jüdischen Lehre. Ewiger Zyklus, ewige Wiederkehr.

Ewiges Werden, das kein Beharren kennt, also nichts, worauf es hinaus „will“, keine Befriedigung und kein Ziel ....

Die „ewige Wiederkehr des Gleichen“ erhält vor diesem Hintergrund auch ihren lebensbejahenden Sinn: Lebe so, dass du wollen kannst, diesen Augenblick – und viele mögen ihm folgen – kehre wieder und wieder zurück[7]!

***

Arthur Schopenhauer:

„Durchgängig und überall ist das echte Symbol der Natur der Kreis, weil er das Schema der Wiederkehr ist: diese ist in der Tat die allgemeinste Form in der Natur, welche sie in Allem durchführt, vom Laufe der Gestirne an, bis zum Tod und der Entstehung organischer Wesen, und wodurch allein in dem rastlosen Strom der Zeit und ihres Inhalts doch ein bestehendes Dasein, d. i. eine Natur, möglich wird.“

„Nimmt man für die Vergangenheit keinen Anfang, sondern eine Ewigkeit an, so muss Alles, was da werden kann und soll, schon geworden sein.“

Gott als Herr der Zeit

„Er sprach zu der Menge: wenn ihr eine Wolke aufsteigen seht vom Westen her, so sagt ihr gleich: es gibt Regen. Und es geschieht so.

Und wenn der Südwind weht, so sagt ihr: es wird heiß werden. Und es geschieht so.

Ihr Heuchler! Über das Aussehen der Erde und des Himmels könnt ihr urteilen; warum aber könnt ihr über diese Zeit nicht urteilen?"
(Lk 12, 54-56)

Lebenserwartung und Haltung zum Leben unterlagen geschichtlich einem Wandel, dessen Konsequenzen erst neuerdings wirklich aufscheinen. Geht man durch die Jahrhunderte zurück – etwa 4-500 Jahre – so war damals das menschliche Leben – so wie heute anders auch – ständiger Bedrohungen durch Kriege, Infektionskrankheiten und Versorgungsmangel ausgesetzt. Das traf alle Altersgruppen – ob nur wenige Tage alte Kinder, junge Menschen oder Ältere, wobei „alt" damals bereits Menschen auszeichnete, die heute in der Blüte ihrer Lebensjahre stehen. Der Tod war allgegenwärtig, und die mittlere Lebensspanne lag bei 25, 30 Jahren.

Bestimmte Bedrohungen haben in den hiesigen Breiten nachgelassen, die mittlere Lebenserwartung liegt heute bei weit über 70 Jahren, und die Konfrontation mit dem eigenen Tod tritt erst spät und häufig sehr langsam ein.

Aber auch die Konzepte von Lebenszeit haben sich gewandelt. So war früher durch den weit verbreiteten Glauben an das ewige Leben im Bewusstsein der Menschen die irdische Lebenszeit nur ein Fraktionelles der Gesamtlebenszeit. Bei der Zusammenzählung der irdischen und der ewigen Summanden blieb das Endergebnis in der Marge immer gleich: ewig – ganz egal wie kurz oder lang auch die irdische Komponente gewesen sein mag. Dieser letztere Beitrag war sozusagen vernachlässigbar.

Das ist heute anders angesichts eines weit verbreiteten Agnostizismus oder einer symbolischen Wertung des Wortes „ewig“ auch bei vielen Gläubigen und Theologen – weg von der Bedeutung im Sinne eines Zeitmasses. So kommt es zu dem Paradoxon, dass die heutige (irdische) Lebensspanne zwar dreimal so lang wie in früheren Epochen ist, aber die Gesamtlebenszeit auf ein infinitesimales Inkrement – gemessen an früher – reduziert ist.

Diese Verkürzung der Zeit ist mit ein Grund für die Verabsolutierung der Diesseitigkeitsperspektiven. Bleibt nur diese eine, kurze Zeitspanne, und ist danach alles aus, dann geht es eben um die Optimierung nur dieser Zeit. Womit dann alles gerechtfertigt ist, diese kurze Spanne des Lebens, die das Leben selbst und nichts anderes ist, so nutzbringend auszugestalten wie möglich. Wobei „nutzbringend“ alles von Geld bis Macht bis Vergnügen bedeuten kann: jedem nach seiner Definition oder derjenigen gerade gültigen der Trendsetter.

Die Verheißung, die sinngemäß so im christlichen Glaubensbekenntnis gesprochen wird, lautet etwa so: wenn die Menschen zu ihrem Schöpfer zurückkehren durch den Glauben an Jesus Christus und nach ihrem irdischen zum Vater kommen, werden sie teilhaben an Gottes Herrlichkeit. Bedeutet das de facto, dass sie Teil an Gott selbst haben werden? Ist Gott im Endeffekt etwa die Summe aller? – Wohl nicht, denn durch seine Entäußerung zur Welt hin, durch sein Erscheinen den Menschen durch Jesus Christus würde er sich bei diesem Summenspiel ja verkleinern – und sei es nur deshalb, weil eben möglicherweise nicht alle zu ihm zurückkehren werden.

Unterstellt man Gott die Eigenschaft, unendlich zu sein, könnte er nach dieser Spekulation sich selbst nur wieder erreichen (asymptotisch), wenn das All und damit die Menschheit und deren Lebensbedingungen unendlich lange existieren würden. Unabhängig von den soziologischen, ökologischen und naturwissenschaftlichen Erkenntnissen, die dagegen und für Begrenztheit sprechen, gibt es ein alles entscheidendes Argument gegen dieses Konstrukt: die Zeit als Gegenstand von Gottes Schöpfung und ihr vorausgesagtes Ende. Der jüngste Tag wird der letzte sein.

Der Begriff der Ewigkeit wird traditionell mit einer zeitlichen Vorstellung unterlegt: der aus einer unendlichen lange zurückliegender Vergangenheit kommende Zeitstrahl geht bis ins zukünftig Unendliche weiter. Beides, Schöpfung und Weltende beanspruchen demgegenüber jedoch Endlichkeit. Ewigkeit ist ein Zustand der außerzeitlich ist, und der sich dem menschlichen Vorstellungsvermögen entzieht. Ewigkeit ist weder unendlich lang noch von null Zeitdauer.

Doch auch diese Zeit ist in Gottes Händen und ist nur eine von den Komponenten auf seinem Zeitstrahl.

Die Begründung und Herleitung der göttlichen Perspektive mittels einer Kette von logisch verknüpften Folgerungen – ihre kausale Basis – kommt offenbar einerseits der Physiologie des menschlichen Geistes entgegen. Andererseits entspricht ein solches Raisonnement auch genau der Erlebniswirklichkeit des Menschen in dieser Welt. Beides mag irgendwie zusammenhängen. Ein solcher Ansatz fußt aber nach wie vor auf Ergebnissen anthropozentrischer Reflexion – selbst wenn er göttliche Offenbarungen als seine Basis nimmt. Es ist nicht davon auszugehen, dass die Welt Gottes, sein Himmelreich – seine Ewigkeit – durch solche Modelle annähernd beschrieben wird.

Zeit ist Teil der Schöpfung, und jeder Kausalität liegt eine zeitliche Abfolge zugrunde. Ein Ursache-Wirkungszusammenhang kommt eigentlich immer von der Vergangenheit her. Die Perspektive Gottes aber ist eine zukunftsgerichtete. Deren Grundlagen sind Verheißungen und Erfüllungen. Erfüllungen gerade auch der Zeit, die ihrem Ende zugeht. Von diesem Ende her gesehen entwickelt sich eine eigene Teleologie als Begründung des Wirkens und der Intention Gottes. Die Ursache liegt damit sozusagen in der Zukunft, zu der alles Geschehen hingezogen wird. Erst, wenn jemand dort angekommen ist, weiß er, warum er dieses oder jenes heute oder früher getan hat. So wenig einsichtig das und manch anderes heute sein mag, eines Tages werden sie nach dieser Logik die wahre Bedeutung dessen erkennen, was sie heute tun und gestern getan haben – obwohl sie meinen, diese Bedeutung jetzt schon zu kennen.

Der finale Ansatz birgt auch noch einen anderen Charme in sich. Er eliminiert sozusagen all die logischen und erkenntnistheoretischen Problemfelder, die mit Begriffsgebilden wie „freier Wille“, „Prädestination“, „Gnade“, die Wirkung des Betens in einer naturwissenschaftlich verstandenen Welt usw. einhergehen. Liegt die Begründung in der Zukunft, erläutern sich solch anscheinend widersprüchliche Denkkonstrukte a posteriori. Sie lösen sich auf.

Da vor Gott und den Heimkommenden alle Dinge offenbar werden sollen, ist Zeit am Ende irrelevant. Für Gott sind immer alle Dinge immer gleichzeitig – deshalb kann auch im Zusammenhang mit dem Erlösungsakt Jesu von der Mitte der Zeit gesprochen werden. Gott blickt sozusagen – bildlich ausgedrückt – von oben herab auf die gesamte Zeitstrecke vom Anbeginn der Welt bis zu ihrem Ende und hat diese Zeitstrecke insgesamt vor Augen. Die Ereignisse stehen nicht hintereinander, sondern nebeneinander vor ihm.

Wer zu ihm zurückkehrt, wird die gleiche Perspektive einnehmen und sein Leben und das der anderen auf einen Blick und in einem Zusammenhang erkennen: ihm wird alles offenbar. Und erst dann wird ihm oder ihr klar werden, warum er oder sie dies und jenes getan hat – und warum die anderen jeweils so und nicht anders reagiert haben. Bruchteile solcher Ausblicke geschichtlichen Nebeneinanders waren bisher vielleicht nur den Propheten vergönnt.

Unterstellt man diese göttliche Sicht des Allseins – Nebeneinanderseins, so handelt es sich bei den Büchern des Lebens, die aufgeschlagen werden (Offb 20,12), um diejenigen Geschichten von den Menschen, die über Zeit und Raum durch ihr bloßes Sein aufgezeichnet wurden, die im Raumzeitkontinuum für immer statisch eingefroren sind. Hat jemandes Buch 100 Seiten, so erlebt er oder sie die Handlung seines oder ihres Lebens heute vielleicht gerade auf Seite 75 – aber die anderen 25 Seiten sind auch schon geschrieben, und man muss da nur noch durch.

Am Ende kehrt man zwar nicht dorthin zurück, wo man schon einmal gewesen ist, weil „Ende“ und „schon einmal“ in der Ewigkeit keinen Sinn ergeben, aber wer dort einkehrt, hat die volle Teilhabe an allen Qualitäten außerhalb von Raum und Zeit. Er oder sie kann das eigene Leben in einem

Guss erkennen – den gesamten Lauf der Dinge auf Gott zu: die menschliche Geschichte bis zu ihrem Ende, die dazu erforderliche Ressourcenbildung und alle technologischen Entwicklungen daraus: Schöpfung und Ende in einem Blick.

Seit dem Heilsgeschehen durch Jesus Christus unterliegt die Zeit in Wahrnehmung und Beordnung völlig neuen Kriterien – unabhängig von den auch damit verbundenen phänomenologischen Spekulationen. Denn Gott hat mittlerweile gehandelt. Er ist interveniert in der Zeit zwischen den prophetischen Aussagen und heute. Für die Christen ist der Erlöser ja schon gekommen. In Christus ist sozusagen die endgültige, unüberholbare Offenbarung und Heilstat Gottes in der Geschichte Wirklichkeit geworden.

Für das Zeitverständnis bedeutet dies, dass Christen ihr Heute als erfüllte Zeit betrachten dürfen. Egal, wie sie ihre Zeit messen – sie sind zwar auf der Pilgerschaft, aber nicht in einem Kontinuum. Ihr Bezugspunkt ist und bleibt das Kreuz Christi und danach seine Allgegenwart, die mit ihnen zieht, wie ein wandernder Koordinatenursprung, so wie es geschrieben steht: „Siehe, ich bin bei Euch alle Tage bis an der Welt Ende“ (Mt 28,20). Damit hat alles Frühere und alles Spätere eine Mitte bekommen. Voriges und Ausstehendes haben gleichermaßen eine Antwort bekommen. Konkret bedeutet das, dass sie sich heute schon der neuen Freiheit Gottes erfreuen dürfen, dass sie nicht mehr verschüttet sind unter dem Gewicht ihrer Schuld, nicht gefangen von Sorge und umstellt von Angst. Deshalb sollen sie es annehmen, wenn es heißt: „Heute, wenn ihr seine Stimme vernehmt, verhärtet eure Herzen nicht“ (Hebr 3,7.8). Denn für sie gilt: „Seht, jetzt ist die Zeit der Gnade, jetzt ist der Tag des Heils“ (2. Kor 6,1-2).

„Der Tag des Herrn wird aber kommen wie ein Dieb."
(1. Tess 5,2)

Somit ist immer die Stunde da, vom Schlaf aufzustehen. „Die Nacht ist vorgedrungen, der Tag ist nicht mehr fern". Das ist von einem, der wohl die Stunden der drängendsten Prüfungen seines Lebens mit der Ewigkeit vor Augen verbracht hat – Jochen Klepper. Sein ganzes „Kyrie" kündet von dem immerwährenden Bewusstsein der eigenen Zeitlosigkeit und doch - gebundenheit.

Jochen Klepper[8]:

„Der du die Zeit in Händen hast ...
....
Der du allein der Ewige heißt
und Anfang, Ziel und Mitte weißt
im Fluge unserer Zeiten:
bleib du uns gnädig zugewandt
und führe uns an deiner Hand,
damit wir sicher schreiten!"

***

Entfaltung der Weltlinie: „Und ich sah die Toten, groß und klein, stehen vor dem Thron, und Bücher wurden aufgetan ...."(Offb 20,12ab). So steht es in der Offenbarung des Johannes. Und weiter unten heißt es: „Und es wird keine Nacht mehr sein, und sie bedürfen keiner Leuchte und nicht des Lichts der Sonne, denn Gott der Herr wird sie erleuchten, und sie werden regieren von Ewigkeit zu Ewigkeit"(Offb 22,5).

Gegen diesen Trost stehen anscheinend solche Verse aus dem Psalm: „Denn tausend Jahre sind vor dir wie der Tag, der gestern vergangen ist, und wie eine Nachtwache. Du lässest sie dahinfahren wie einen Strom, sie sind wie ein Schlaf, wie ein Gras, das am Morgen noch sprosst, das am Morgen blüht und sprosst und des Abends welkt und verdorrt" (Ps 90,4-6). Hier ist nur die Rede von der Vergänglichkeit. Keine Spuren werden hinterlassen, und die Namen derer, die vor tausend Jahren lebten, kennt keiner mehr. Das ist sicher so auf Erden und unter Menschen. Vor der Grenze. So wirkt Gott in der Tat hier. Das ist aber kein Widerspruch dazu, dass bei ihm nichts verloren geht. Und das dahinter ein neues, ganz anderes Leben beginnt. Das jedenfalls glauben wir Christen seit der Auferweckung von den Toten des Ersten: Jesus Christus. –

Und dennoch gibt es immer wieder die Versuchung, die Sorge für die Seele als unverantwortlichen Zeitverlust anzusehen. Und manche Zeitgenossen möchten diesen Zeitverlust möglichst noch dadurch sanktioniert wissen, dass sie die Sonntagsarbeit einführen wollen – als handelte es sich beim Ruhetag sonst wie um eine zu verachtende Verrücktheit, mit der Zeit zu walten. Dabei ist der beste Zeitpunkt, den man je finden kann, derjenige, an dem die Richtung nach Innen zu sich selbst eingeschlagen wird, mit allem, was daraus folgen kann.

***

Unbekannter Verfasser (2. Jh.): An Diogenet[9]:

„Denn was tun wir als Christen innerhalb der Zeitscheibe, jenem endlichen Ausschnitt aus dem unendlichen Zeitkontinuum, das uns geschenkt und zu verwalten aufgegeben wurde, in dem wir unsere

Weltlinie entwickeln dürfen – wir, die wir uns nicht durch Land, Sprache und Sitten von den übrigen Menschen unterscheiden wollen? Wir bewohnen keine eigenen Städte und bedienen uns nicht irgendeiner identifizierenden Sprache und führen kein sonst wie auffallendes Leben. Wir bewohnen unser Land wie Beisassen. Nehmen Teil an allem wie normale Bürger, aber ertragen die Dinge wie Fremde. Wir heiraten manchmal und ziehen Kinder groß. Auf Erden weilen wir, aber letztendlich wollen wir Bürger im Himmel sein."

***

Und zu all dem gehören solche Kleinigkeiten wie: Zeit verschenken, Zeit vergeuden, Langeweile haben und der Umgang mit der Zeit als einem knappen und teuren Gut – wie süchtig ihrem Gebrauch verfallen, unter Unordnung und Zwängen, bis an das Ende unserer Kräfte. Erst, wenn wir sie teilen im Konzert mit anderen, die andere Zugänge haben, ahnen wir, dass uns etwas abhanden gekommen ist. Etwas, das irgendwann früher einmal da war und jetzt unter einem Schutthaufen begraben liegt. Dahin zurück! Das Verlorene wiederfinden, in Harmonie mit sich selbst sein und – Gott, der von Anfang an dabei war. –

An Ostern hat Gott seinen Anspruch geltend gemacht, dass er Herr der Zeit ist. Deshalb ist Ostern für uns Christen die Mitte der Zeit und damit auch Mitte unserer Gegenwart. Das ist keine chronologische Angabe, sondern der Hinweis auf eine neue Freiheit. Damit sind wir weder verschüttet unter den Bedrängnissen des irdischen Daseins noch unter Schuld, nicht mehr versklavt von Sorge und Angst, sondern können uns dort zuhause fühlen, „wo der Friede Christi in unseren Herzen herrscht" (Kol 3,15).

Durch Jesus Christus hat alles Frühere und alles Spätere eine Mitte bekommen – wie der Ursprung eines Koordinatensystems. Durch ihn ist das letzte Wort gefallen auf alles Vorherige, aber auch auf alles noch Ausstehende. Man hat auf ihn gewartet vorher – aber nachher auch noch: wie wir und die, die nach uns kommen werden. Die Adventszeit im Jahreskreis ist ein Abbild jenes großen, übergreifenden Advents. Und deshalb können wir aus ihr unsere ganze Trosterwartung und Vorfreude, die wir jetzt durchleben, auch mit hinübernehmen in die Zeit darüber hinaus.

Dietrich Wiederkehr[10]:

„Entscheidend für das eigene Zeitverständnis und für das eigene Existentielle Zeit- und Geschichtsverständnis ist die Frage, welchen Tatsachen, Ereignissen wir die größere und fundamentalere Bedeutung zubilligen und zuerkennen. Aus den Phänomenen allein, aus der Kurve der eigenen Erfahrungen allein ist nicht auszumachen, wie die Bewegung der Geschichte eigentlich verläuft, welches die eigentliche und wahre Strömung der Zeit ist. Alle, ob Glaubende oder Unglaubende, erfahren, wie unser Heute im Feld vorausgehender geschichtlicher Ereignisse liegt, und dass wir uns aus dem Einfluss- und Machtbereich solcher gegebenen Tatsachen nicht wegstehlen können, sondern mit ihnen zu leben haben: mit der Technik, mit der Bombe, mit der geteilten Welt, oder näher und persönlicher: mit sich selber, einer eigenen Vergangenheit, einer Schuld, einer Sorge.“

„Der Mensch lebt in einem Haus mit offenen Türen, die er nicht schließen kann. Dies gilt auch von seinem Stehen in der Zeit. Wir haben aber die Gewissheit erhalten, dass es doch die geschehene und bleibende Liebestat Gottes in Jesus Christus gibt, die unsere Gegenwart entscheidend bestimmt. – Aber wie steht es mit der Tür des Menschen auf der Vorderseite seines Hauses, auf die Zukunft hin? Sind wir die Hüter und Wächter an dieser Tür, sodass nur dies auf uns als Zukunft zukäme und bei uns ankäme, was wir herbeiwünschen, was wir einlassen und als unsere Gegenwart annehmen? Oder wird nicht stürmisch an diese Tür geklopft, verlangen nicht Ereignisse Einlass, die wir gar nicht als willkommene Gäste begrüßen? Wird diese Türe nicht oft eingedrückt, wenn Ereignisse, Bedrohungen, Enttäuschungen, Belastungen auf uns hereinbrechen, gegen die wir uns nicht schützen können? Wenn wir nur ein wenig auf diese Zukunft ausschauen, kann uns bange werden. Entweder blicken wir in einen undurchdringlichen Nebel, aus dem unvermittelt und hart plötzlich die Geschehnisse auftauchen und uns überfallen; oder, wenn wir etwas klarer sehen, rollt die Geschichte auf uns zu, ohne sich Halt gebieten zu lassen. Jedenfalls sind nicht wir Herren darüber, was auf uns zukommt an politischer, wirtschaftlicher Zukunft, an gesundheitlicher Erwartung, an persönlicher Hoffnung."

„Bei aller Verborgenheit der Zukunft, die der Christ selber auch nicht entsiegeln kann, kann ihm die Gewissheit nicht genommen werden, dass Christus die Zukunft nicht nur hat, sondern diese Zukunft ist."

„Das schon Geschehene, die Auferweckung Jesu aus dem Tod, begründet die Hoffnung für das noch zu Geschehende."

„In seiner eigenen Sterblichkeit erfährt der Christ am eigenen Leib, dass die ganze Welt, das ganze Weltgebäude ein unstabiles und keine Geborgenheit bietendes Haus ist."

„Welche Ereignisse unsere jetzige Gegenwart bestimmen, hängt gar nicht von ihrer Neuheit oder Vergangenheit ab. Nicht unbedingt das jeweils neueste, zeitgenössische und gleichzeitige Geschehen macht mein Heute aus. Es gibt Ereignisse, die zwar jetzt ablaufen, die mich aber nicht berühren, die den Raum meiner Existenz nicht einmal betreten. Dafür gibt es andere Ereignisse, die zeitlich zurückliegen, die aber für mich heute noch wichtig sind: die eigenen Berufsentscheidung, eine tiefgreifende Begegnung in frühern Jahren, eine aufgebrochene Liebe, ein heute noch nicht verschmerztes Unrecht. Es ist darum nach dem Neuen Testament gar nicht so wichtig, zu chronologisch gleicher Zeit mit Jesus Christus zu leben, zu seinen Zeitgenossen zu gehören. Gleichzeitig mit ihm zu leben, heißt noch lange nicht, in seiner Gemeinschaft zu existieren. Daraus kann noch kein Vorzug oder Vorteil gewonnen werden. Dann aber gilt, und dies ist für uns wichtig: wenn es kein Vorzug ist, gleichzeitig mit Jesus zu leben, dann ist es kein Nachteil, in einer anderen Zeit, nach ihm, zu leben. Mit Gleichzeitigkeit und Nichtgleichzeitigkeit ist über die Gemeinschaft mit Christus noch nichts ausgemacht. Man kann Jesu Zeitgenosse gewesen sein, mit ihm Haus an Haus gewohnt haben – und nichts an ihm haben; und man kann Jahrhunderte von ihm getrennt und entfernt sein, und doch in einer innersten, lebendigen Gemeinschaft mit ihm existieren. Für die Zeitnahen, wie für die Zeitfernen ist noch alles offen – offen für eine glaubende Entscheidung für Jesus Christus!"

***

Die Chaostheorie bedient sich des Konstrukts der Fraktale. Fraktale sind selbstähnliche Gebilde aus denen sich wiederum andere selbstähnliche Gebilde aufbauen lassen, z. B. ein Dreieck, welche als Grundelement genutzt werden kann, um größere Dreiecke zu gestalten.

In diesem Sinne könnte man auch das Leben eines Menschen als Fraktal der Geschichte der Welt und damit der Zeit interpretieren. Des Menschen Zeit beginnt mit seiner Empfängnis im Mutterleib und endet mit seinem Tod – so wie die Zeit mit dem Urknall beginnt und irgendwann ein Ende findet. Vielleicht sind alle Schöpfungs- und Gerichtstheorien nichts weiter als Abbildungen des individuellen menschlichen Schicksals ins Unermessliche projiziert.

Wir schöpfen unsere Interpretation der Welt aus den externen Gedächtnissen, die durch die Geschichte in Dokumenten und Narrativen anderer Menschen überliefert wird. In diesem Sinne und im physikalischen sind wir Geister, die an nicht-existierenden Orten in nicht-existierender Zeit leben – ganz in dem Sinne von Hermann Weyl:

„Die objektive Welt ist schlechthin, sie geschieht nicht. Nur von dem Blick des in der Weltlinie meines Lebens empor kriechenden Bewusstseins ´lebt` ein Ausschnitt dieser Welt ´auf` und zieht an ihm vorüber als räumliches, in zeitlicher Wandlung begriffenes ´Bild`."

Gott steht sozusagen „quer" dazu – vertikal. Er sieht alles nebeneinander, was wir nacheinander erleben. Schreiben wir ihm eine n-Dimension zu – im Sinne einer mathematischen Topologie – dann bewegen wir uns in der Dimension n-1; oder bildlich gesprochen: schreiben wir Gott einen Raum zu, dann kriechen wir auf der Oberfläche unserer Gegenwartsscheibe herum.

***

Arthur Schopenhauer:

„Die Schrecken des Todes beruhen großenteils auf dem Falschen Schein, dass jetzt das Ich verschwinde, und die Welt bleibe. Vielmehr aber ist das Gegenteil wahr: die Welt verschwindet; hingegen der innere Kern des Ich, der Träger und Hervorbringer jenes Subjekts, in dessen Vorstellung allein die Welt ihr Dasein hatte, beharrt. Mit dem Gehirn geht der Intellekt, und mit diesem die objektive Welt, seine bloße Vorstellung, unter. Dass in andern Gehirnen, nach wie vor, eine ähnliche Welt lebt und schwebt, ist in Beziehung auf den untergehenden Intellekt gleichgültig."

„Dabei nun weiß er völlig gewiss, dass eben jenes über Alles wichtige Selbst ...., also seine ganze Welt, untergehen muss im Tode, der daher für ihn gleichbedeutend ist mit dem Weltuntergange."

Quellen

1. S. Friedländer (Hrsg.), Arthur Schopenhauer – Auswahl aus seinen Schriften, Goldmann, München, 1962
2. L. Egarezzo, Drachenrad, BoD, Norderstedt, 2015
3. T. de Padova, Leibniz, Newton und die Erfindung der Zeit, Piper, München, 2014
4. H. Schmitz, Phänomenologie der Zeit, Verlag Karl Alber, Freiburg/München, 2014
5. Sören Kierkegaard, Der Begriff Angst, Marix, Wiesbaden, 2005
6. S. Appel, Friedrich Nietzsche – Wanderer und freier Geist, C. H. Beck, München, 2011
7. https://de.wikipedia.org/Ewige_Wiederkehr
8. J. Klepper, Kyrie, Luther-Verlag, 1998
9. A. Jülicher, Diogenetos 18 in Paulys Realencyclopädie der classischen Altertumswissenschaften (RE), Band V.1, Stuttgart, 1903
10. D. Wiederkehr, In den Dimensionen der Zeit, Benziger, Einsiedeln, 1968

Printed by Books on Demand GmbH, Norderstedt / Germany